The Tales of Artists' Street: Short Stories for French Language Learners

Artici Bilingual Books

Published by Artici Bilingual Books, 2024.

While every precaution has been taken in the preparation of this book, the publisher assumes no responsibility for errors or omissions, or for damages resulting from the use of the information contained herein.

THE TALES OF ARTISTS' STREET: SHORT STORIES FOR FRENCH LANGUAGE LEARNERS

First edition. February 25, 2024.

ISBN: 979-8224123414

Written by Artici Bilingual Books.

Table of Contents

Les Mystères de la Rue des Lilas

Il était une fois, dans une petite rue tranquille appelée la Rue des Lilas, une série de mystères qui intriguait les habitants de ce quartier pittoresque. Au milieu des maisons aux façades colorées et des jardins verdoyants, se cachait un monde de secrets et d'aventures, où chaque recoin semblait murmurer une histoire.

Dans cette rue, habitait une dame nommée Élise. Elle était connue de tous pour son amour des lilas, qu'elle cultivait avec dévotion dans son jardin. Élise était une femme discrète, mais observatrice. Chaque matin, elle parcourait la rue, son petit carnet à la main, notant chaque détail qui lui semblait inhabituel.

Un jour, alors qu'elle se promenait comme à son habitude, Élise remarqua quelque chose d'étrange devant la vieille maison abandonnée au bout de la rue. Une silhouette furtive s'éclipsa dans l'ombre, laissant derrière elle un frisson de mystère. Élise sentit son cœur battre plus vite. Les mystères de la Rue des Lilas semblaient prendre vie devant ses yeux.

Déterminée à percer le mystère, Élise décida de mener l'enquête. Avec l'aide de ses voisins, elle forma un groupe d'aventuriers amateurs, prêts à découvrir la vérité qui se cachait derrière les murs de la vieille maison.

Le premier membre du groupe était Jacques, un retraité jovial qui avait un don pour les devinettes et les énigmes. Ensuite vint Amélie, une jeune artiste pleine d'imagination, qui voyait le monde d'une manière différente. Enfin, il y avait Gaston, le boulanger du coin, dont l'odorat aiguisé et le sens de l'observation étaient inégalés.

Ensemble, ils commencèrent à explorer la vieille maison, découvrant des indices intrigants à chaque coin de rue. Des bruits étranges résonnaient dans les couloirs sombres, et des ombres dansaient à la lueur de leur lampe de poche. Mais rien n'arrêtait la détermination de ce groupe éclectique.

Au fur et à mesure qu'ils avançaient dans leur enquête, Élise et ses compagnons réalisaient que les mystères de la Rue des Lilas étaient bien plus complexes qu'ils ne l'avaient imaginé. Des histoires de trésors perdus, de fantômes errants et de secrets enfouis depuis des générations émergeaient lentement, tissant une toile complexe de mystère et d'intrigue.

Mais alors qu'ils se rapprochaient de la vérité, le danger semblait également se rapprocher. Des forces obscures semblaient vouloir les empêcher de découvrir la vérité, mettant en péril non seulement leur enquête, mais aussi leur sécurité.

Malgré les obstacles, Élise et ses compagnons persévérèrent, déterminés à résoudre les mystères de la Rue des Lilas une fois pour toutes. Leur voyage les conduisit à travers des rebondissements inattendus, des rencontres surprenantes et des révélations choquantes, les emmenant au cœur même de l'histoire de leur quartier bien-aimé.

Et finalement, après des semaines d'enquête, les mystères de la Rue des Lilas furent révélés. Ce qu'ils découvrirent était bien au-delà de leurs rêves les plus fous, un trésor caché depuis des siècles, attendant d'être découvert par des âmes courageuses comme les leurs.

Ainsi se termina l'aventure d'Élise et de ses compagnons, mais les mystères de la Rue des Lilas continuaient de fasciner et d'inspirer les générations à venir, rappelant à tous que, parfois, les secrets les plus précieux se trouvent juste sous notre nez, attendant d'être découverts par ceux qui osent regarder de plus près.

The Mysteries of Lilac Street

Once upon a time, in a quiet little street called Lilac Street, there were a series of mysteries that intrigued the inhabitants of this picturesque neighborhood. Amidst the houses with colorful facades and verdant gardens, lay a world of secrets and adventures, where every corner seemed to whisper a story.

In this street lived a lady named Elise. She was known to all for her love of lilacs, which she cultivated with devotion in her garden. Elise was a discreet woman, but observant. Every morning, she walked down the street, her small notebook in hand, noting every detail that seemed unusual to her.

One day, as she walked as usual, Elise noticed something strange in front of the old abandoned house at the end of the street. A furtive silhouette slipped into the shadows, leaving behind a shiver of mystery. Elise felt her heart beat faster. The mysteries of Lilac Street seemed to come to life before her eyes.

Determined to unravel the mystery, Elise decided to investigate. With the help of her neighbors, she formed a group of amateur adventurers, ready to discover the truth hidden behind the walls of the old house.

The first member of the group was Jacques, a jovial retiree with a knack for riddles and puzzles. Next came Amelie, a young artist full of imagination, who saw the world in a different way. Finally, there was Gaston, the local baker, whose keen sense of smell and powers of observation were unmatched.

Together, they began to explore the old house, uncovering intriguing clues at every turn. Strange noises echoed in the dark hallways, and shadows danced in the light of their flashlight. But nothing could stop the determination of this eclectic group.

As they progressed in their investigation, Elise and her companions realized that the mysteries of Lilac Street were much more complex than they had imagined. Stories of lost treasures, wandering ghosts, and secrets buried for generations slowly emerged, weaving a complex web of mystery and intrigue.

But as they approached the truth, danger also seemed to draw closer. Dark forces seemed intent on preventing them from uncovering the truth, jeopardizing not only their investigation but also their safety.

Despite the obstacles, Elise and her companions persevered, determined to solve the mysteries of Lilac Street once and for all. Their journey took them through unexpected twists, surprising encounters, and shocking revelations, leading them to the very heart of their beloved neighborhood's history.

And finally, after weeks of investigation, the mysteries of Lilac Street were revealed. What they discovered was beyond their wildest dreams, a treasure hidden for centuries, waiting to be discovered by courageous souls like theirs.

Thus ended the adventure of Elise and her companions, but the mysteries of Lilac Street continued to fascinate and inspire generations to come, reminding everyone that sometimes the most precious secrets are right under our noses, waiting to be discovered by those who dare to look closer.

Les Aventures de Chloé et le Chat de Quartier

Chloé était une jeune femme joyeuse et curieuse qui habitait dans un petit appartement au cœur d'un quartier animé. Elle adorait se promener dans les rues pavées, saluer ses voisins et observer la vie quotidienne qui se déroulait autour d'elle. Mais ce qu'elle aimait par-dessus tout, c'était les chats.

Un jour, alors qu'elle rentrait chez elle après une longue journée de travail, Chloé entendit un faible miaulement provenant d'une ruelle sombre. Intriguée, elle s'approcha et découvrit un petit chaton gris, abandonné et affamé. Sans hésiter, Chloé prit le chaton dans ses bras et décida de l'adopter.

Le chaton, qu'elle nomma Félix, devint rapidement son fidèle compagnon. Ensemble, ils explorèrent les rues du quartier, découvrant de nouveaux endroits et faisant de nouvelles rencontres. Chloé adorait écouter Félix lui raconter des histoires sur les autres chats du quartier et sur les secrets cachés derrière chaque porte.

Un jour, alors qu'ils se promenaient dans le parc du quartier, Félix sembla soudainement intrigué par quelque chose caché sous un banc. Avec l'aide de Chloé, il découvrit un vieux journal, jauni par le temps et recouvert de poussière. Curieuse, Chloé l'ouvrit et commença à lire.

Le journal appartenait à une vieille dame du quartier, Mme Dubois, qui avait vécu de nombreuses aventures tout au long de sa vie. Chloé fut captivée par les récits de voyages exotiques, d'amitiés durables et d'amours perdus. Mais ce qui la fascinait le plus, c'était une série d'énigmes et de mystères que Mme Dubois semblait avoir laissés derrière elle.

Déterminée à résoudre les énigmes, Chloé se mit en quête d'indices, accompagnée de Félix. Ensemble, ils explorèrent les endroits mentionnés dans le journal, interrogeant les habitants du quartier et cherchant des réponses aux mystères qui les entouraient.

Leurs aventures les conduisirent dans des endroits inattendus : des caves sombres aux greniers poussiéreux, des jardins luxuriants aux ruelles étroites. À chaque étape, Chloé et Félix rencontraient de nouveaux amis et surmontaient de nouveaux défis, renforçant leur lien et leur détermination à résoudre les énigmes de Mme Dubois.

Finalement, après des semaines de recherche, Chloé et Félix réussirent à résoudre le dernier mystère. Grâce à leur persévérance et à leur ingéniosité, ils découvrirent un trésor caché depuis des décennies, un précieux héritage laissé par Mme Dubois pour les générations futures.

De retour chez eux, Chloé lut le dernier message laissé par Mme Dubois dans son journal, remerciant ceux qui auraient le courage de poursuivre ses aventures. Avec un sourire sur son visage, Chloé sut qu'elle avait trouvé sa propre aventure, aux côtés de son fidèle ami Félix, le chat de quartier. Et ensemble, ils étaient prêts à affronter tous les mystères que l'avenir leur réservait.

The Adventures of Chloe and the Neighborhood Cat

Chloe was a cheerful and curious young woman who lived in a small apartment in the heart of a lively neighborhood. She loved to stroll through the cobblestone streets, greet her neighbors, and observe the daily life unfolding around her. But above all, she loved cats.

One day, as she was returning home after a long day of work, Chloe heard a faint meowing coming from a dark alley. Intrigued, she approached and discovered a small gray kitten, abandoned and hungry. Without hesitation, Chloe took the kitten in her arms and decided to adopt it.

The kitten, whom she named Felix, quickly became her loyal companion. Together, they explored the streets of the neighborhood, discovering new places and making new acquaintances. Chloe loved listening to Felix tell her stories about the other cats in the neighborhood and about the hidden secrets behind every door.

One day, as they were walking in the neighborhood park, Felix suddenly seemed intrigued by something hidden under a bench. With Chloe's help, he discovered an old journal, yellowed by time and covered in dust. Curious, Chloe opened it and began to read.

The journal belonged to an old lady from the neighborhood, Mrs. Dubois, who had lived many adventures throughout her life. Chloe was captivated by the tales of exotic travels, enduring friendships, and lost loves. But what fascinated her the most were a series of riddles and mysteries that Mrs. Dubois seemed to have left behind.

Determined to solve the riddles, Chloe set out to find clues, accompanied by Felix. Together, they explored the places mentioned in the journal, questioning the inhabitants of the neighborhood and seeking answers to the mysteries surrounding them.

Their adventures led them to unexpected places: from dark cellars to dusty attics, from lush gardens to narrow alleyways. At each step, Chloe and Felix met new friends and overcame new challenges, strengthening their bond and their determination to solve Mrs. Dubois's puzzles.

Finally, after weeks of searching, Chloe and Felix managed to solve the last mystery. Thanks to their perseverance and ingenuity, they discovered a treasure hidden for decades, a precious legacy left by Mrs. Dubois for future generations.

Back home, Chloe read the final message left by Mrs. Dubois in her journal, thanking those who would have the courage to continue her adventures. With a smile on her face, Chloe knew she had found her own adventure, alongside her faithful friend Felix, the neighborhood cat. And together, they were ready to face all the mysteries that the future held for them.

Les Énigmes de la Librairie Magique

Il était une fois, au cœur de la ville de Marseille, une librairie mystérieuse connue sous le nom de "La Librairie Magique". Nichée entre les rues pavées et les bâtiments historiques, cette librairie était bien plus qu'un simple lieu de vente de livres ; elle était réputée pour son atmosphère envoûtante et les énigmes étranges qui semblaient y résider.

Parmi les habitués de la librairie se trouvait Sophie, une jeune étudiante passionnée par les mystères et les romans fantastiques. Chaque après-midi, après les cours, elle se rendait à "La Librairie Magique" pour explorer ses rayons chargés de livres anciens et de tomes poussiéreux, à la recherche de nouvelles énigmes à résoudre.

Un jour, alors qu'elle feuilletait un vieux grimoire dans un coin de la librairie, Sophie découvrit une inscription mystérieuse gravée sur la couverture : "Pour trouver la clé des énigmes, cherche le livre aux pages d'or." Intriguée par ces mots énigmatiques, Sophie se mit en quête du livre aux pages d'or, déterminée à percer le secret de la librairie.

Au fil de ses recherches, Sophie découvrit un livre ancien dissimulé derrière une pile de vieux journaux. En l'ouvrant, elle fut éblouie par l'éclat des pages d'or qui semblaient luire d'une lueur mystique. Convaincue d'avoir trouvé le livre tant recherché, Sophie se plongea dans ses pages, prête à affronter les énigmes qui l'attendaient.

Chaque page du livre renfermait une nouvelle énigme à résoudre, des énigmes complexes et fascinantes qui mettaient à l'épreuve l'esprit et l'imagination de Sophie. De l'énigme des sphinx dans le désert aux énigmes des dragons endormis dans les montagnes, Sophie se lança courageusement dans une quête pour percer les secrets de la librairie.

Au fur et à mesure qu'elle progressait dans son périple, Sophie fit la rencontre de personnages étranges et merveilleux qui l'aidèrent dans sa quête : un vieux mage aux pouvoirs mystérieux, un chat noir qui semblait connaître tous les secrets de la librairie, et un jeune écrivain en quête d'inspiration pour son prochain roman.

Ensemble, ils résolurent les énigmes du livre aux pages d'or, dévoilant les mystères cachés de la librairie et révélant les pouvoirs magiques qui résidaient en ses murs. Et lorsque Sophie tourna la dernière page du livre, elle découvrit un message final qui lui était destiné : "La vraie magie réside dans les histoires que nous créons et dans les mystères que nous résolvons ensemble."

Ainsi, grâce à son courage et à sa détermination, Sophie avait non seulement découvert les secrets de la librairie, mais elle avait également trouvé le véritable trésor caché en son sein : l'amitié, la camaraderie et la magie des histoires partagées. Et désormais, chaque fois qu'elle franchirait les portes de "La Librairie Magique", elle saurait que l'aventure et la magie l'attendaient toujours, prêtes à être découvertes par ceux qui osaient chercher.

The Enigmas of the Magical Bookstore

Once upon a time, in the heart of the city of Marseille, there was a mysterious bookstore known as "The Magical Bookstore". Nestled between cobblestone streets and historical buildings, this bookstore was much more than just a place to buy books; it was renowned for its enchanting atmosphere and the strange enigmas that seemed to reside within.

Among the regulars of the bookstore was Sophie, a young student passionate about mysteries and fantasy novels. Every afternoon, after classes, she would head to "The Magical Bookstore" to explore its shelves laden with ancient books and dusty tomes, searching for new enigmas to solve.

One day, while flipping through an old grimoire in a corner of the bookstore, Sophie discovered a mysterious inscription engraved on the cover: "To find the key to the enigmas, seek the book with golden pages." Intrigued by these cryptic words, Sophie set out to find the book with golden pages, determined to uncover the secret of the bookstore.

In her search, Sophie discovered an ancient book hidden behind a stack of old newspapers. Upon opening it, she was dazzled by the gleam of the golden pages, which seemed to glow with a mystical light. Convinced she had found the sought-after book, Sophie delved into its pages, ready to face the enigmas that awaited her.

Each page of the book contained a new enigma to solve, complex and fascinating puzzles that tested Sophie's mind and imagination. From the riddle of the sphinxes in the desert to the enigmas of the sleeping dragons in the mountains, Sophie bravely embarked on a quest to unravel the secrets of the bookstore.

As she progressed on her journey, Sophie encountered strange and wonderful characters who aided her in her quest: an old mage with mysterious powers, a black cat who seemed to know all the secrets of the bookstore, and a young writer in search of inspiration for his next novel. Together, they solved the enigmas of the book with golden pages, unveiling the hidden mysteries of the bookstore and revealing the magical powers that resided within its walls. And when Sophie turned the final page of the book, she discovered a final message meant for her: "True magic lies in the stories we create and in the mysteries we solve together."

Thus, thanks to her courage and determination, Sophie had not only discovered the secrets of the bookstore but had also found the true treasure hidden within it: friendship, camaraderie, and the magic of shared stories. And now, every time she crossed the threshold of "The Magical Bookstore", she would know that adventure and magic awaited her, ready to be discovered by those who dared to seek.

La Bibliothèque des Souvenirs Perdus

Il était une fois, au cœur d'une petite ville pittoresque, une bibliothèque bien particulière connue sous le nom de "La Bibliothèque des Souvenirs Perdus". Située dans une ancienne maison de pierre au bord de la rivière, cette bibliothèque était un lieu magique où les histoires perdues et les souvenirs oubliés trouvaient refuge.

Le bibliothécaire, Monsieur Martin, était un homme doux et bienveillant, passionné par les livres et dévoué à sa mission de préserver les souvenirs des habitants de la ville. Chaque jour, il accueillait les visiteurs avec un sourire chaleureux, les invitant à explorer les rayonnages poussiéreux et à découvrir les trésors cachés de la bibliothèque.

Parmi les habitués de la bibliothèque se trouvait Émilie, une jeune femme timide et rêveuse qui aimait se perdre dans les pages des vieux livres et s'évader dans des mondes imaginaires. Chaque après-midi, elle se rendait à la Bibliothèque des Souvenirs Perdus, son sac rempli de livres à échanger contre de nouvelles aventures.

Un jour, alors qu'elle parcourait les rayonnages à la recherche d'un nouveau livre à emporter chez elle, Émilie découvrit une étrange porte dissimulée derrière une étagère poussiéreuse. Intriguée, elle l'ouvrit prudemment et découvrit un escalier en colimaçon descendant dans les profondeurs de la bibliothèque.

Sans hésiter, Émilie descendit les marches, se retrouvant bientôt dans une pièce sombre et mystérieuse. Des étagères remplies de livres anciens s'étendaient à perte de vue, éclairées par la lueur vacillante des bougies. Mais ce qui captiva le plus Émilie, ce fut la présence de personnes assises autour d'une table, chacune tenant un livre entre ses mains.

Intriguée, Émilie s'approcha et se rendit compte que ces personnes étaient en train de relire leurs souvenirs oubliés, inscrits dans les pages des livres de la bibliothèque. Chaque livre racontait l'histoire d'une vie, rempli de moments précieux et de souvenirs enfouis.

Émilie s'assit à la table et choisit un livre au hasard. En l'ouvrant, elle fut transportée dans le passé, revivant des moments de son enfance qu'elle pensait avoir oubliés depuis longtemps. Les rires des amis, les odeurs de la cuisine de sa grand-mère, les doux souvenirs de son premier amour – tout était là, intact et vivant.

Au fil des jours, Émilie revint régulièrement à la Bibliothèque des Souvenirs Perdus, explorant les différents livres et redécouvrant les moments forts de sa vie. Elle rencontra d'autres visiteurs, partageant avec eux ses propres souvenirs et écoutant leurs histoires avec émerveillement.

Mais un jour, alors qu'elle était plongée dans un livre, Émilie découvrit quelque chose d'inattendu : une page blanche au milieu des souvenirs écrits. Intriguée, elle commença à écrire ses propres souvenirs, les mots coulant sur le papier comme une rivière de souvenirs.

Peu à peu, la Bibliothèque des Souvenirs Perdus se remplit de nouveaux livres, remplis des souvenirs des habitants de la ville. Chaque livre était unique, racontant une histoire différente et rappelant aux visiteurs que même les souvenirs les plus oubliés pouvaient trouver leur place dans le monde.

Et ainsi, la Bibliothèque des Souvenirs Perdus continua d'exister, préservant les moments précieux et les souvenirs chéris de ceux qui avaient le courage de les redécouvrir. Car dans ce lieu magique, chaque livre était bien plus qu'une simple histoire – c'était un témoignage de la vie elle-même, un rappel de l'importance de chaque instant dans la trame complexe de l'existence humaine.

The Library of Lost Memories

Once upon a time, in the heart of a picturesque small town, there was a peculiar library known as "The Library of Lost Memories." Located in an old stone house by the river, this library was a magical place where lost stories and forgotten memories found refuge.

The librarian, Mr. Martin, was a gentle and kind man, passionate about books and dedicated to his mission of preserving the memories of the town's inhabitants. Every day, he welcomed visitors with a warm smile, inviting them to explore the dusty shelves and discover the hidden treasures of the library.

Among the regulars of the library was Emilie, a shy and dreamy young woman who loved to lose herself in the pages of old books and escape into imaginary worlds. Every afternoon, she went to the Library of Lost Memories, her bag filled with books to exchange for new adventures.

One day, as she was browsing the shelves in search of a new book to take home, Emilie discovered a strange door hidden behind a dusty shelf. Intrigued, she cautiously opened it and found a spiral staircase leading down into the depths of the library.

Without hesitation, Emilie descended the steps, soon finding herself in a dark and mysterious room. Shelves filled with old books stretched as far as the eye could see, illuminated by the flickering light of candles. But what captivated Emilie the most was the presence of people sitting around a table, each holding a book in their hands.

Intrigued, Emilie approached and realized that these people were rereading their forgotten memories, recorded in the pages of the library's books. Each book told the story of a life, filled with precious moments and buried memories.

Emilie sat down at the table and chose a book at random. As she opened it, she was transported into the past, reliving moments of her childhood that she thought she had long forgotten. The laughter of friends, the smells of her grandmother's kitchen, the sweet memories of her first love—everything was there, intact and alive.

Over the days, Emilie returned regularly to the Library of Lost Memories, exploring different books and rediscovering the highlights of her life. She met other visitors, sharing her own memories with them and listening to their stories with wonder.

But one day, as she was immersed in a book, Emilie discovered something unexpected: a blank page in the midst of written memories. Intrigued, she began to write her own memories, the words flowing onto the paper like a river of recollections.

Gradually, the Library of Lost Memories filled with new books, filled with the memories of the town's inhabitants. Each book was unique, telling a different story and reminding visitors that even the most forgotten memories could find their place in the world.

And so, the Library of Lost Memories continued to exist, preserving the precious moments and cherished memories of those who had the courage to rediscover them. For in this magical place, each book was much more than just a story—it was a testament to life itself, a reminder of the importance of every moment in the complex tapestry of human existence.

L'Énigme du Marché aux Puces

Il était une fois, dans une petite ville au bord de la rivière, un marché aux puces animé qui attirait des visiteurs de tous horizons. Chaque week-end, les rues se remplissaient de stands colorés, regorgeant de trésors anciens et de curiosités fascinantes. Mais derrière la façade animée du marché se cachait une énigme mystérieuse qui intriguait les habitants depuis des années.

Le marché aux puces était dirigé par Monsieur Lefèvre, un homme sympathique et jovial qui avait passé toute sa vie à chiner et à collectionner des objets anciens. Son stand était le plus populaire du marché, rempli de bibelots étranges et de trouvailles uniques qui attiraient l'attention des acheteurs avides.

Parmi les habitués du marché se trouvait Camille, une jeune étudiante en histoire passionnée par les énigmes et les mystères du passé. Chaque week-end, elle se rendait au marché aux puces pour fouiller parmi les étals à la recherche d'objets intrigants et d'histoires oubliées.

Un jour, alors qu'elle parcourait les allées du marché, Camille découvrit un vieux coffre en bois caché sous une pile de vieux livres. Intriguée, elle l'ouvrit et découvrit un étrange ensemble de pièces de puzzle, chacune ornée d'un symbole mystérieux.

Déterminée à percer le mystère du coffre, Camille se mit à assembler les pièces du puzzle, cherchant à reconstituer l'image qu'elles formaient. Mais plus elle avançait dans son travail, plus elle se rendait compte que les pièces ne semblaient pas s'emboîter correctement, comme si elles étaient conçues pour former un puzzle différent.

Intriguée par cette découverte, Camille décida de chercher de l'aide auprès de Monsieur Lefèvre. Celui-ci, toujours avide de résoudre des énigmes, se joignit à elle dans sa quête pour percer le mystère du puzzle du marché aux puces.

Ensemble, ils explorèrent le marché, interrogeant les vendeurs et les clients, à la recherche d'indices susceptibles de les aider à comprendre le puzzle énigmatique. Ils découvrirent rapidement que chaque vendeur semblait détenir une pièce du puzzle, mais personne ne semblait connaître la clé pour les assembler correctement.

Déterminés à résoudre l'énigme, Camille et Monsieur Lefèvre se lancèrent dans une série d'aventures passionnantes, suivant les indices dispersés à travers le marché et la ville. Leurs recherches les conduisirent dans des endroits inattendus, des greniers poussiéreux aux caves sombres, des librairies anciennes aux musées oubliés.

Au fur et à mesure qu'ils progressaient dans leur enquête, Camille et Monsieur Lefèvre découvrirent que le puzzle du marché aux puces était bien plus complexe qu'ils ne l'avaient imaginé. Il semblait être lié à un mystère ancien, enfoui dans les profondeurs de l'histoire de la ville, et seul le rassemblement des pièces du puzzle pouvait révéler la vérité cachée depuis si longtemps.

Finalement, après des semaines de recherche et d'énigmes résolues, Camille et Monsieur Lefèvre réussirent à assembler les pièces du puzzle, révélant une image surprenante qui les laissa bouche bée. Ils avaient découvert un ancien artefact perdu depuis des siècles, un trésor caché qui contenait les clés pour comprendre le passé mystérieux de la ville.

Grâce à leur persévérance et à leur esprit d'équipe, Camille et Monsieur Lefèvre avaient résolu l'énigme du marché aux puces, révélant les secrets enfouis sous la surface de la ville endormie. Leur aventure les avait non seulement rapprochés, mais avait également laissé une marque indélébile sur l'histoire de leur communauté, rappelant à tous que même les plus petites énigmes peuvent cacher des trésors inestimables pour ceux qui osent les résoudre.

The Puzzle of the Flea Market

Once upon a time, in a small town by the river, there was a bustling flea market that attracted visitors from all walks of life. Every weekend, the streets filled with colorful stalls, brimming with ancient treasures and fascinating curiosities. But behind the lively facade of the market lay a mysterious puzzle that had intrigued the townsfolk for years.

The flea market was run by Mr. Lefèvre, a friendly and jovial man who had spent his entire life scavenging and collecting old items. His stall was the most popular at the market, filled with strange trinkets and unique finds that caught the eye of eager buyers.

Among the regulars at the market was Camille, a young history student passionate about puzzles and mysteries of the past. Every weekend, she visited the flea market to sift through the stalls in search of intriguing objects and forgotten stories.

One day, as she wandered the aisles of the market, Camille stumbled upon an old wooden chest hidden under a stack of old books. Intrigued, she opened it and discovered a strange set of puzzle pieces, each adorned with a mysterious symbol.

Determined to solve the mystery of the chest, Camille began assembling the puzzle pieces, trying to reconstruct the image they formed. But the further she progressed in her work, the more she realized that the pieces did not seem to fit together correctly, as if they were designed to form a different puzzle.

Intrigued by this discovery, Camille decided to seek help from Mr. Lefèvre. Always eager to solve puzzles, he joined her in her quest to unravel the mystery of the flea market puzzle.

Together, they explored the market, questioning the sellers and customers, searching for clues that could help them understand the enigmatic puzzle. They quickly discovered that each seller seemed to hold a piece of the puzzle, but no one seemed to know the key to assembling them correctly.

Determined to solve the puzzle, Camille and Mr. Lefèvre embarked on a series of exciting adventures, following clues scattered throughout the market and the town. Their search took them to unexpected places, from dusty attics to dark cellars, from old bookstores to forgotten museums.

As they progressed in their investigation, Camille and Mr. Lefèvre discovered that the flea market puzzle was much more complex than they had imagined. It seemed to be linked to an ancient mystery buried in the depths of the town's history, and only the assembly of the puzzle pieces could reveal the truth hidden for so long.

Finally, after weeks of research and solved puzzles, Camille and Mr. Lefèvre managed to assemble the puzzle pieces, revealing a surprising image that left them speechless. They had discovered an ancient artifact lost for centuries, a hidden treasure that contained the keys to understanding the mysterious past of the town.

Thanks to their perseverance and teamwork, Camille and Mr. Lefèvre had solved the puzzle of the flea market, uncovering the secrets buried beneath the surface of the sleeping town. Their adventure had not only brought them closer together but had also left an indelible mark on the history of their community, reminding everyone that even the smallest puzzles can hide invaluable treasures for those who dare to solve them.

Les Secrets du Jardin du Coin

Il était une fois, dans un quartier tranquille d'une petite ville, un jardin bien particulier qui attisait la curiosité des habitants : le Jardin du Coin. Niché au croisement de deux rues, ce jardin semblait ordinaire à première vue, mais il était enveloppé de mystères et de secrets que seuls les résidents les plus observateurs pouvaient découvrir.

Le Jardin du Coin était entretenu avec amour par Madame Dupont, une vieille dame au cœur généreux qui consacrait ses journées à prendre soin des fleurs et des plantes qui peuplaient le jardin. Chaque matin, elle arrosait les roses rouges qui bordaient l'allée principale, taillait les haies verdoyantes et écoutait le doux chant des oiseaux cachés parmi les branches des arbres.

Parmi les habitués du quartier se trouvaient Juliette et Paul, un jeune couple qui venait souvent se promener dans le Jardin du Coin. Ils étaient fascinés par la beauté tranquille du jardin et par les nombreux mystères qui semblaient l'entourer.

Un jour, alors qu'ils se promenaient main dans la main dans le jardin, Juliette et Paul découvrirent une petite porte dissimulée derrière un massif de fleurs. Intrigués, ils l'ouvrirent prudemment et découvrirent un sentier étroit qui s'enfonçait dans les buissons denses.

Curieux de savoir ce qui se cachait derrière la porte, Juliette et Paul se lancèrent dans l'exploration du sentier, se faufilant habilement entre les arbustes et les plantes luxuriantes. Ils furent bientôt enveloppés par une atmosphère de calme et de mystère, leurs pas résonnant doucement sur le sol tapissé de feuilles mortes.

Au bout du sentier se trouvait un endroit étonnant : un petit étang bordé de pierres anciennes, surplombé par un saule pleureur majestueux. À côté de l'étang se dressait un banc de bois, invitant les visiteurs à s'asseoir et à contempler la beauté paisible qui les entourait.

Alors qu'ils admiraient le paysage, Juliette et Paul remarquèrent un vieux livre posé sur le banc, ses pages jaunies par le temps. Intrigués, ils l'ouvrirent et découvrirent qu'il s'agissait d'un journal intime appartenant à Madame Dupont, la gardienne du jardin.

Les pages du journal étaient remplies de souvenirs et de réflexions sur la vie de Madame Dupont, mais ce qui attira le plus l'attention de Juliette et Paul, ce furent les mystérieuses histoires de voyages et d'aventures qu'elle avait vécues dans sa jeunesse.

Déterminés à en savoir plus sur les secrets du jardin, Juliette et Paul se rendirent chez Madame Dupont pour lui poser des questions sur le journal et sur les récits fascinants qu'il contenait. Madame Dupont accueillit les jeunes gens avec gentillesse et leur parla de ses voyages passés, de ses rencontres avec des personnes extraordinaires et des moments inoubliables qu'elle avait vécus dans sa jeunesse.

Petit à petit, Juliette et Paul commencèrent à découvrir les nombreux secrets que recelait le jardin du coin : des histoires d'amour tragiques, des trésors cachés et des rencontres inattendues avec des personnages énigmatiques. Chaque coin du jardin semblait révéler une nouvelle facette de son histoire, invitant les visiteurs à plonger toujours plus loin dans son passé mystérieux.

Au fil des jours, Juliette et Paul devinrent de plus en plus proches de Madame Dupont, partageant avec elle leurs propres histoires et découvrant les trésors cachés du jardin ensemble. Ensemble, ils découvrirent que le jardin du coin était bien plus qu'un simple jardin - c'était un lieu chargé de souvenirs et de mystères, un endroit où les histoires du passé se mêlaient harmonieusement au présent.

Et ainsi, entourés par la beauté tranquille du jardin du coin et par les souvenirs qui l'habitaient, Juliette, Paul et Madame Dupont continuèrent à tisser des liens d'amitié et à découvrir les nombreux secrets que le jardin avait à offrir. Car dans ce lieu magique, chaque fleur, chaque arbre et chaque pierre avait une histoire à raconter, et il appartenait à ceux qui osaient écouter de découvrir les mystères cachés du jardin du coin.

The Secrets of the Corner Garden

Once upon a time, in a quiet neighborhood of a small town, there was a very special garden that aroused the curiosity of the residents: the Corner Garden. Nestled at the intersection of two streets, this garden seemed ordinary at first glance, but it was enveloped in mysteries and secrets that only the most observant residents could discover.

The Corner Garden was lovingly tended by Mrs. Dupont, an elderly lady with a generous heart who devoted her days to caring for the flowers and plants that populated the garden. Every morning, she watered the red roses lining the main pathway, trimmed the lush hedges, and listened to the sweet song of birds hidden among the branches of the trees.

Among the neighborhood regulars were Juliette and Paul, a young couple who often came to stroll in the Corner Garden. They were fascinated by the tranquil beauty of the garden and by the many mysteries that seemed to surround it.

One day, as they walked hand in hand in the garden, Juliette and Paul discovered a small door hidden behind a cluster of flowers. Intrigued, they cautiously opened it and found a narrow path winding through dense shrubs.

Curious to know what lay beyond the door, Juliette and Paul embarked on exploring the path, skillfully weaving between bushes and lush plants. They were soon enveloped in an atmosphere of calm and mystery, their footsteps softly echoing on the leaf-strewn ground.

At the end of the path was a surprising sight: a small pond bordered by ancient stones, overlooked by a majestic weeping willow. Next to the pond stood a wooden bench, inviting visitors to sit and contemplate the peaceful beauty surrounding them.

As they admired the scenery, Juliette and Paul noticed an old book lying on the bench, its pages yellowed with age. Intrigued, they opened it and discovered that it was a diary belonging to Mrs. Dupont, the guardian of the garden.

The pages of the diary were filled with memories and reflections on Mrs. Dupont's life, but what caught Juliette and Paul's attention the most were the mysterious stories of travels and adventures she had experienced in her youth.

Determined to learn more about the secrets of the garden, Juliette and Paul went to Mrs. Dupont's house to ask her questions about the diary and the fascinating tales it contained. Mrs. Dupont welcomed the young people kindly and spoke to them about her past travels, her encounters with extraordinary people, and the unforgettable moments she had experienced in her youth.

Little by little, Juliette and Paul began to uncover the many secrets hidden within the Corner Garden: stories of tragic love, hidden treasures, and unexpected encounters with enigmatic characters. Every corner of the garden seemed to reveal a new facet of its history, inviting visitors to delve deeper into its mysterious past.

Over the days, Juliette and Paul grew closer to Mrs. Dupont, sharing their own stories with her and discovering the hidden treasures of the garden together. Together, they discovered that the Corner Garden was much more than just a garden—it was a place filled with memories and mysteries, a place where stories from the past seamlessly intertwined with the present.

And so, surrounded by the tranquil beauty of the Corner Garden and the memories that inhabited it, Juliette, Paul, and Mrs. Dupont continued to forge bonds of friendship and to uncover the many secrets that the garden had to offer. For in this magical place, every flower, every tree, and every stone had a story to tell, and it was up to those who dared to listen to uncover the hidden mysteries of the Corner Garden.

La Famille du Café des Trois Chats

Il était une fois, dans une petite ville au bord de la mer, un café chaleureux et accueillant connu sous le nom de "Le Café des Trois Chats". Situé au cœur du quartier animé, ce café était bien plus qu'un simple lieu de rencontre - c'était un véritable foyer pour ceux qui s'y rendaient.

Le Café des Trois Chats était dirigé par Madame Martin, une femme dynamique et pleine de vie, connue pour son sourire radieux et sa capacité à mettre tout le monde à l'aise. Chaque jour, elle ouvrait les portes de son café avec enthousiasme, accueillant les habitués de longue date ainsi que les nouveaux venus curieux de découvrir ce lieu magique.

Parmi les habitués du café se trouvaient Jean et Marie, un couple de retraités qui venait chaque matin pour déguster un café et discuter avec les autres clients. Ils étaient considérés comme les piliers du Café des Trois Chats, toujours prêts à écouter les histoires des autres et à offrir un conseil amical.

Un autre habitué régulier était Pierre, un écrivain en herbe qui passait des heures à écrire dans un coin tranquille du café, inspiré par l'atmosphère conviviale et inspirante qui régnait dans l'établissement.

Mais parmi tous les clients du Café des Trois Chats, il y avait trois invités très spéciaux qui attiraient toujours l'attention : les trois chats de Madame Martin. Ces adorables félins, nommés Félix, Minette et Gaston, étaient devenus une partie intégrante de la famille du café, répandant leur charme et leur joie de vivre parmi les clients.

Félix était le plus âgé et le plus sage des trois, un chat tigré avec un air de dignité qui semblait toujours garder un œil bienveillant sur tout ce qui se passait au café. Minette était la plus espiègle, une petite chatte blanche avec des taches grises autour des yeux, qui aimait jouer avec les morceaux de papier et se faufiler dans les coins les plus improbables du café. Quant à Gaston, c'était le plus jeune et le plus affectueux des trois, un gros chat noir aux yeux brillants qui aimait se lover sur les genoux des clients et ronronner doucement.

Chaque jour, les trois chats devenaient les stars incontestées du Café des Trois Chats, attirant l'attention et l'affection de tous ceux qui franchissaient ses portes. Ils semblaient avoir un sixième sens pour reconnaître ceux qui avaient besoin de réconfort et se précipitaient toujours pour offrir un câlin ou une caresse à ceux qui en avaient besoin.

Un jour, alors que le café était particulièrement animé, un événement inattendu se produisit. Un chaton errant, affamé et effrayé, fit irruption dans le café, cherchant refuge et sécurité. Les clients regardaient avec inquiétude alors que le petit chaton se cachait sous une table, tremblant de peur.

Mais avant que quiconque puisse intervenir, Félix, Minette et Gaston se précipitèrent pour venir en aide au chaton intrus. Avec une habileté et une compassion remarquables, ils entourèrent le chaton de leur chaleur et de leur affection, le rassurant et lui offrant un sentiment de sécurité.

Ému par la scène, Madame Martin se précipita pour aider les chats à prendre soin du chaton errant. Elle le prit délicatement dans ses bras et le nourrit avec un bol de lait chaud, apaisant sa faim et sa peur.

Peu à peu, le petit chaton commença à se sentir à l'aise parmi ses nouveaux amis au Café des Trois Chats. Il se lia d'amitié avec Félix, Minette et Gaston, jouant avec eux et explorant les coins cachés du café avec curiosité.

Au fil des jours, le petit chaton devint un membre à part entière de la famille du Café des Trois Chats, apportant sa propre dose de joie et de bonheur au café. Les clients l'adoraient, le prenant dans leurs bras et le câlinant affectueusement chaque fois qu'ils le voyaient.

Et ainsi, grâce à l'amour et à la compassion de Madame Martin et de ses trois chats bien-aimés, le Café des Trois Chats continua d'être un lieu de rencontre chaleureux et accueillant pour tous ceux qui avaient le bonheur de le visiter. Car dans ce café spécial, chaque client était plus qu'un simple client - c'était un membre précieux de la famille du Café des

Trois Chats, un lien vital dans le tissu social de la petite ville au bord de la mer.

The Family of the Café of Three Cats

Once upon a time, in a small seaside town, there was a cozy and welcoming café known as "The Café of Three Cats". Located in the heart of the lively neighborhood, this café was much more than just a meeting place - it was a true home for those who visited.

The Café of Three Cats was run by Mrs. Martin, a dynamic and lively woman, known for her radiant smile and her ability to put everyone at ease. Every day, she opened the doors of her café with enthusiasm, welcoming both long-time regulars and newcomers curious to discover this magical place.

Among the regulars of the café were Jean and Marie, a retired couple who came every morning to enjoy a coffee and chat with other customers. They were considered the pillars of the Café of Three Cats, always ready to listen to others' stories and offer friendly advice.

Another regular patron was Pierre, an aspiring writer who spent hours writing in a quiet corner of the café, inspired by the friendly and inspiring atmosphere that prevailed in the establishment.

But among all the customers of the Café of Three Cats, there were three very special guests who always attracted attention: Madame Martin's three cats. These adorable felines, named Félix, Minette, and Gaston, had become an integral part of the café's family, spreading their charm and zest for life among the customers.

Félix was the oldest and wisest of the three, a tabby cat with an air of dignity who always seemed to keep a benevolent eye on everything happening in the café. Minette was the most playful, a small white cat with gray spots around her eyes, who loved to play with scraps of paper and sneak into the most unlikely corners of the café. As for Gaston, he was the youngest and most affectionate of the three, a big black cat with bright eyes who loved to curl up on customers' laps and purr softly.

Every day, the three cats became the undisputed stars of the Café of Three Cats, attracting the attention and affection of everyone who walked through its doors. They seemed to have a sixth sense for recognizing those in need of comfort and always rushed to offer a hug or a caress to those in need.

One day, as the café was particularly bustling, an unexpected event occurred. A stray kitten, hungry and frightened, burst into the café, seeking refuge and safety. The customers watched with concern as the little kitten hid under a table, trembling with fear.

But before anyone could intervene, Félix, Minette, and Gaston rushed to the aid of the intruding kitten. With remarkable skill and compassion, they surrounded the kitten with their warmth and affection, reassuring it and offering it a sense of security.

Moved by the scene, Mrs. Martin hurried to help the cats take care of the stray kitten. She gently picked it up and fed it with a bowl of warm milk, soothing its hunger and fear.

Gradually, the little kitten began to feel at ease among its new friends at the Café of Three Cats. It befriended Félix, Minette, and Gaston, playing with them and exploring the hidden corners of the café with curiosity.

Over the days, the little kitten became a full-fledged member of the Café of Three Cats family, bringing its own dose of joy and happiness to the café. The customers adored it, picking it up and cuddling it affectionately every time they saw it.

And so, thanks to the love and compassion of Mrs. Martin and her three beloved cats, the Café of Three Cats continued to be a warm and welcoming meeting place for all who were fortunate enough to visit it. For in this special café, each customer was more than just a customer - they were a precious member of the Café of Three Cats family, a vital link in the social fabric of the small seaside town.

La Dame aux Fleurs Séchées

Il était une fois, dans un petit village pittoresque niché au creux des montagnes, vivait une dame énigmatique connue sous le nom de "La Dame aux Fleurs Séchées". Elle habitait une vieille maison en pierre, entourée d'un jardin sauvage où poussaient d'innombrables fleurs colorées, soigneusement cueillies et séchées pour être conservées éternellement.

La Dame aux Fleurs Séchées s'appelait Madame Léonie, une femme au charme mystérieux et à l'allure élégante qui attirait l'attention de tous ceux qui la rencontraient. Elle vivait seule dans sa maison depuis de nombreuses années, consacrant son temps à prendre soin de son jardin et à préserver la beauté fugace des fleurs.

Chaque jour, Madame Léonie parcourait les sentiers de son jardin, un panier à la main, cueillant avec soin les fleurs les plus belles et les plus parfumées. Elle les disposait ensuite sur des feuilles de papier dans sa maison, où elles étaient suspendues pour sécher lentement, préservant ainsi leur beauté éphémère pour l'éternité.

Les habitants du village étaient fascinés par Madame Léonie et son étrange passion pour les fleurs séchées. Certains la considéraient comme une sorcière, capable de concocter des potions magiques à partir des fleurs de son jardin, tandis que d'autres la voyaient simplement comme une âme solitaire, trouvant du réconfort dans la solitude de son jardin.

Parmi les habitants du village se trouvaient Luc et Sophie, un jeune couple qui venait souvent se promener dans les rues pavées du village. Ils étaient intrigués par Madame Léonie et sa réputation de dame aux fleurs séchées, et un jour, ils décidèrent de lui rendre visite pour en savoir plus sur elle et sur son jardin enchanté.

Ils trouvèrent Madame Léonie assise sur le perron de sa maison, entourée de pots de fleurs séchées et de bouquets soigneusement arrangés. Elle les accueillit chaleureusement, les invitant à entrer et à découvrir les merveilles de son jardin.

À l'intérieur, la maison de Madame Léonie était un véritable musée de fleurs séchées, avec des pétales délicats et des feuilles colorées suspendues aux murs et disposées sur les étagères. Chaque pièce dégageait un parfum envoûtant de fleurs séchées, emplissant l'air d'une douceur subtile et d'une ambiance apaisante.

Madame Léonie leur raconta l'histoire de son jardin, parlant avec passion des fleurs qu'elle cultivait et des secrets qu'elles renfermaient. Elle leur montra comment elle cueillait et séchait les fleurs, expliquant chaque étape avec un enthousiasme contagieux.

Luc et Sophie furent fascinés par les récits de Madame Léonie et par la beauté tranquille de son jardin. Ils passèrent des heures à explorer chaque coin de la maison, découvrant de nouvelles variétés de fleurs séchées et écoutant avec attention les histoires fascinantes de Madame Léonie.

Au fil des jours, Luc et Sophie devinrent de plus en plus proches de Madame Léonie, partageant avec elle leurs propres histoires et découvrant les nombreux trésors cachés de son jardin ensemble. Ensemble, ils découvrirent que la Dame aux Fleurs Séchées était bien plus qu'une simple gardienne de fleurs - elle était une conteuse talentueuse, capable de captiver son audience avec ses récits envoûtants et ses connaissances approfondies sur les plantes et les fleurs.

Et ainsi, entourés par la beauté tranquille du jardin de Madame Léonie et par les histoires fascinantes qu'il renfermait, Luc, Sophie et Madame Léonie continuèrent à tisser des liens d'amitié et à découvrir les nombreux secrets que le jardin avait à offrir. Car dans ce lieu magique, chaque fleur séchée, chaque parfum et chaque histoire avaient une signification spéciale, rappelant à tous ceux qui osaient écouter la magie et la beauté de la nature qui les entourait.

The Lady with Dried Flowers

Once upon a time, in a picturesque village nestled in the mountains, lived an enigmatic lady known as "The Lady with Dried Flowers". She lived in an old stone house, surrounded by a wild garden where countless colorful flowers grew, carefully picked and dried to be preserved forever. The Lady with Dried Flowers was named Madame Léonie, a woman with a mysterious charm and an elegant demeanor that attracted the attention of all who met her. She lived alone in her house for many years, devoting her time to caring for her garden and preserving the fleeting beauty of flowers.

Every day, Madame Léonie roamed the paths of her garden, a basket in hand, carefully picking the most beautiful and fragrant flowers. She then arranged them on sheets of paper in her house, where they were hung to dry slowly, thus preserving their ephemeral beauty for eternity.

The villagers were fascinated by Madame Léonie and her strange passion for dried flowers. Some considered her a witch, capable of concocting magical potions from the flowers in her garden, while others simply saw her as a solitary soul, finding solace in the solitude of her garden.

Among the villagers were Luc and Sophie, a young couple who often strolled through the cobblestone streets of the village. They were intrigued by Madame Léonie and her reputation as the lady with dried flowers, and one day, they decided to pay her a visit to learn more about her and her enchanted garden.

They found Madame Léonie sitting on the porch of her house, surrounded by pots of dried flowers and carefully arranged bouquets. She welcomed them warmly, inviting them inside to discover the wonders of her garden.

Inside, Madame Léonie's house was a veritable museum of dried flowers, with delicate petals and colorful leaves hanging on the walls and arranged on shelves. Each room exuded a bewitching fragrance of dried flowers, filling the air with a subtle sweetness and a soothing atmosphere. Madame Léonie told them the story of her garden, speaking passionately about the flowers she cultivated and the secrets they held. She showed them how she picked and dried the flowers, explaining each step with contagious enthusiasm.

Luc and Sophie were fascinated by Madame Léonie's stories and the tranquil beauty of her garden. They spent hours exploring every corner of the house, discovering new varieties of dried flowers and listening attentively to Madame Léonie's fascinating tales.

Over the days, Luc and Sophie grew closer to Madame Léonie, sharing their own stories with her and discovering the many hidden treasures of her garden together. Together, they discovered that the Lady with Dried Flowers was much more than just a flower guardian - she was a talented storyteller, capable of captivating her audience with her enchanting tales and her deep knowledge of plants and flowers.

And so, surrounded by the tranquil beauty of Madame Léonie's garden and the fascinating stories it held, Luc, Sophie, and Madame Léonie continued to forge bonds of friendship and to discover the many secrets that the garden had to offer. For in this magical place, each dried flower, each scent, and each story held a special meaning, reminding everyone who dared to listen to the magic and beauty of the nature that surrounded them.

Les Chroniques du Quartier Paisible

Il était une fois, dans un quartier tranquille au cœur de la ville, se trouvait un ensemble de maisons colorées bordées d'arbres majestueux et de jardins bien entretenus. C'était le Quartier Paisible, un lieu où la vie semblait suivre son cours à un rythme doux et paisible, loin de l'agitation de la vie urbaine.

Au cœur du Quartier Paisible se dressait une petite librairie pittoresque appelée "La Plume Enchantée", dirigée par Monsieur Dupont, un homme chaleureux et accueillant passionné par les livres et les histoires. Chaque jour, les habitants du quartier venaient à "La Plume Enchantée" pour acheter des livres, discuter avec Monsieur Dupont et échanger des histoires sur leur vie quotidienne.

Parmi les habitants du Quartier Paisible se trouvaient Sophie, une jeune artiste passionnée par la peinture et la nature, et Marc, un retraité aimant la tranquillité et la lecture. Tous deux étaient des habitués de "La Plume Enchantée", où ils passaient des heures à parcourir les rayons de livres et à discuter avec Monsieur Dupont de leurs dernières découvertes littéraires.

Un jour, alors que Sophie et Marc se promenaient dans les rues du Quartier Paisible, ils remarquèrent une affiche accrochée à la porte de "La Plume Enchantée". Elle annonçait la création d'un club de lecture local, où les habitants du quartier pourraient se réunir pour discuter de leurs livres préférés et partager leur passion pour la lecture.

Intrigués par l'idée, Sophie et Marc décidèrent de rejoindre le club de lecture et d'explorer ensemble les merveilles de la littérature. Ils furent rejoints par d'autres habitants du Quartier Paisible, tous aussi enthousiastes à l'idée de découvrir de nouveaux livres et de partager leurs réflexions sur les histoires qu'ils aimaient tant.

Ainsi commença une série d'événements passionnants et de rencontres enrichissantes au sein du club de lecture du Quartier Paisible. Chaque semaine, les membres du club se réunissaient à "La Plume Enchantée" pour discuter de leurs lectures et échanger des idées sur les thèmes et les personnages des livres qu'ils avaient découverts.

Sophie proposa de lire des romans inspirés de la nature et de l'art, tandis que Marc suggéra des classiques intemporels de la littérature française. Ensemble, ils explorèrent une multitude de genres littéraires, découvrant de nouveaux auteurs et des histoires captivantes qui les transportaient dans des mondes lointains et enchanteurs.

Au fil des semaines, le club de lecture du Quartier Paisible devint un véritable refuge pour les amoureux de la littérature, un lieu où chacun pouvait s'exprimer librement et partager sa passion pour les livres. Les membres du club se lièrent d'amitié, découvrant des intérêts communs et des points de vue différents qui enrichissaient leurs discussions et élargissaient leurs horizons.

Mais le club de lecture du Quartier Paisible ne se contentait pas de discuter de livres - il organisait également des événements spéciaux et des activités créatives pour célébrer la littérature et l'art sous toutes leurs formes. Ils organisèrent des séances de peinture en plein air dans les jardins du quartier, des lectures publiques de poésie dans les cafés locaux et même des soirées de contes sous les étoiles.

À travers ces activités, le club de lecture du Quartier Paisible devint un véritable phare de créativité et de convivialité dans la communauté, attirant non seulement les amateurs de littérature, mais aussi tous ceux qui cherchaient à s'inspirer et à se connecter avec les autres à travers l'art et la culture.

Et ainsi, grâce à l'engagement et à la passion des membres du club de lecture, le Quartier Paisible devint un lieu de rencontre vibrant et dynamique, où les histoires se mêlaient aux souvenirs et où la créativité était célébrée dans toute sa splendeur. Car dans ce quartier paisible, chaque page tournée, chaque coup de pinceau et chaque mot prononcé contribuait à tisser les liens précieux qui unissaient les habitants et faisaient du Quartier Paisible un endroit véritablement magique.

The Chronicles of the Peaceful Neighborhood

Once upon a time, in a quiet neighborhood in the heart of the city, stood a set of colorful houses lined with majestic trees and well-kept gardens. It was the Peaceful Neighborhood, a place where life seemed to follow its course at a gentle and tranquil pace, far from the hustle and bustle of urban life.

At the heart of the Peaceful Neighborhood stood a quaint little bookstore called "The Enchanted Quill", run by Monsieur Dupont, a warm and welcoming man passionate about books and stories. Every day, the residents of the neighborhood came to "The Enchanted Quill" to buy books, chat with Monsieur Dupont, and exchange stories about their daily lives.

Among the residents of the Peaceful Neighborhood were Sophie, a young artist passionate about painting and nature, and Marc, a retiree who loved tranquility and reading. Both were regulars at "The Enchanted Quill", where they spent hours browsing through the bookshelves and chatting with Monsieur Dupont about their latest literary discoveries.

One day, as Sophie and Marc strolled through the streets of the Peaceful Neighborhood, they noticed a poster hanging on the door of "The Enchanted Quill". It announced the creation of a local book club, where residents of the neighborhood could gather to discuss their favorite books and share their passion for reading.

Intrigued by the idea, Sophie and Marc decided to join the book club and explore together the wonders of literature. They were joined by other residents of the Peaceful Neighborhood, all equally enthusiastic about the idea of discovering new books and sharing their thoughts on the themes and characters of the stories they loved so much.

Thus began a series of exciting events and enriching encounters within the book club of the Peaceful Neighborhood. Every week, club members gathered at "The Enchanted Quill" to discuss their readings and exchange ideas about the themes and characters of the books they had discovered.

Sophie suggested reading novels inspired by nature and art, while Marc suggested timeless classics of French literature. Together, they explored a multitude of literary genres, discovering new authors and captivating stories that transported them to distant and enchanting worlds.

Over the weeks, the book club of the Peaceful Neighborhood became a true haven for literature lovers, a place where everyone could express themselves freely and share their passion for books. Club members formed friendships, discovering common interests and different viewpoints that enriched their discussions and broadened their horizons. But the book club of the Peaceful Neighborhood did not just discuss books - it also organized special events and creative activities to celebrate literature and art in all its forms. They organized outdoor painting sessions in the neighborhood gardens, public poetry readings in local cafes, and even storytelling evenings under the stars.

Through these activities, the book club of the Peaceful Neighborhood became a true beacon of creativity and conviviality in the community, attracting not only literature enthusiasts, but also all those seeking inspiration and connection with others through art and culture.

And so, thanks to the commitment and passion of the book club members, the Peaceful Neighborhood became a vibrant and dynamic meeting place, where stories mingled with memories and where creativity was celebrated in all its splendor. For in this peaceful neighborhood, every page turned, every brushstroke, and every word spoken contributed to weaving the precious bonds that united the residents and made the Peaceful Neighborhood a truly magical place.

Le Mystère de la Pâtisserie Fermée

Il était une fois, dans la charmante ville de Saint-Pierre, une pâtisserie renommée appelée "La Douceur du Matin". Cette boulangerie était réputée dans tout le quartier pour ses délicieuses pâtisseries faites maison, ses pains frais et son accueil chaleureux. Chaque matin, les habitants se pressaient devant la vitrine de "La Douceur du Matin", impatients de déguster les délices sucrés concoctés par le talentueux pâtissier, Monsieur Pierre.

Mais un jour, une étrange nouvelle se répandit dans la ville : "La Douceur du Matin" avait mystérieusement fermé ses portes du jour au lendemain, sans la moindre explication. Les habitants étaient perplexes et inquiets. Pourquoi la pâtisserie tant appréciée avait-elle soudainement cessé son activité ? Qu'était-il arrivé à Monsieur Pierre et à son équipe de joyeux pâtissiers ?

Parmi les habitants de Saint-Pierre se trouvaient Louise et Antoine, deux amis inséparables qui étaient de fervents amateurs des gâteaux délicieux de "La Douceur du Matin". Ils étaient désespérés par la fermeture soudaine de la pâtisserie et déterminés à percer le mystère qui entourait cet événement étrange.

Louise et Antoine décidèrent de mener leur propre enquête sur la mystérieuse fermeture de "La Douceur du Matin". Ils commencèrent par interroger les autres commerçants du quartier, espérant recueillir des informations utiles sur les événements qui avaient précédé la fermeture de la pâtisserie.

Ils découvrirent rapidement que "La Douceur du Matin" avait connu une série de problèmes financiers ces derniers mois, ce qui avait contraint Monsieur Pierre à réduire ses heures d'ouverture et à limiter sa gamme de produits. Certains commerçants racontaient même avoir entendu des rumeurs selon lesquelles Monsieur Pierre envisageait de vendre la pâtisserie pour se retirer à la campagne.

Intrigués par ces révélations, Louise et Antoine se dirigèrent vers la maison de Monsieur Pierre, espérant en apprendre davantage sur ses projets futurs. Mais à leur grande surprise, la maison de Monsieur Pierre était également fermée et semblait abandonnée depuis plusieurs jours.

Déterminés à percer le mystère, Louise et Antoine décidèrent de fouiller la maison de Monsieur Pierre à la recherche d'indices. Ils parcoururent chaque pièce, inspectant les étagères, les tiroirs et les placards à la recherche de tout ce qui pourrait les aider à comprendre ce qui s'était passé.

C'est alors qu'ils découvrirent une lettre soigneusement cachée sous un vieux livre dans la bibliothèque de Monsieur Pierre. La lettre était adressée à Monsieur Pierre et portait le cachet d'un avocat de la ville. Intrigués, Louise et Antoine ouvrirent la lettre et en découvrirent le contenu avec étonnement.

La lettre révélait que la pâtisserie "La Douceur du Matin" était en fait la propriété d'une riche héritière, Madame Dubois, qui avait récemment découvert que Monsieur Pierre avait falsifié les documents de propriété de la pâtisserie afin de s'en approprier illégalement. Madame Dubois menaçait de poursuivre Monsieur Pierre en justice s'il ne lui restituait pas immédiatement la propriété de la pâtisserie.

Choqués par cette révélation, Louise et Antoine réalisèrent que la fermeture de "La Douceur du Matin" n'était pas due à des problèmes financiers, mais à une affaire de fraude et de tromperie. Ils comprirent également que Monsieur Pierre avait fui la ville pour échapper à la justice et éviter d'être arrêté pour ses crimes.

Déterminés à rendre justice à Madame Dubois et à rétablir l'honneur de "La Douceur du Matin", Louise et Antoine se rendirent au commissariat de police pour informer les autorités de leurs découvertes. Grâce à leurs efforts et à leurs preuves, Monsieur Pierre fut finalement arrêté et jugé pour ses crimes, et la pâtisserie "La Douceur du Matin" fut restituée à sa véritable propriétaire.

Avec la vérité révélée et la justice rendue, la vie reprit son cours normal dans la ville de Saint-Pierre. Les habitants étaient reconnaissants envers Louise et Antoine pour avoir résolu le mystère de la pâtisserie fermée et pour avoir contribué à ramener la paix et la tranquillité dans leur quartier bien-aimé. Et bien que "La Douceur du Matin" ne rouvrît jamais ses portes, elle demeura

à jamais dans les cœurs et les souvenirs de ceux qui avaient aimé ses délicieuses pâtisseries et son accueil chaleureux.

The Mystery of the Closed Bakery

Once upon a time, in the charming town of Saint-Pierre, there was a renowned bakery called "La Douceur du Matin" (The Sweetness of the Morning). This bakery was famous throughout the neighborhood for its delicious homemade pastries, fresh bread, and warm welcome. Every morning, the locals crowded in front of "La Douceur du Matin", eager to taste the sweet delights crafted by the talented pastry chef, Monsieur Pierre.

But one day, strange news spread throughout the town: "La Douceur du Matin" had mysteriously closed its doors overnight, without any explanation. The inhabitants were perplexed and worried. Why had the much-loved bakery suddenly ceased its operation? What had happened to Monsieur Pierre and his team of cheerful bakers?

Among the residents of Saint-Pierre were Louise and Antoine, two inseparable friends who were avid fans of the delicious cakes from "La Douceur du Matin". They were distressed by the sudden closure of the bakery and determined to uncover the mystery surrounding this strange event.

Louise and Antoine decided to conduct their own investigation into the mysterious closure of "La Douceur du Matin". They began by questioning other merchants in the neighborhood, hoping to gather useful information about the events leading up to the bakery's closure.

They quickly discovered that "La Douceur du Matin" had experienced a series of financial problems in recent months, which had forced Monsieur Pierre to reduce his opening hours and limit his range of products. Some merchants even claimed to have heard rumors that Monsieur Pierre was considering selling the bakery to retire to the countryside.

Intrigued by these revelations, Louise and Antoine headed to Monsieur Pierre's house, hoping to learn more about his future plans. But to their surprise, Monsieur Pierre's house was also closed and had been deserted for several days.

Determined to unravel the mystery, Louise and Antoine decided to search Monsieur Pierre's house for clues. They combed through every room, inspecting shelves, drawers, and closets in search of anything that might help them understand what had happened.

It was then that they discovered a letter carefully hidden under an old book in Monsieur Pierre's library. The letter was addressed to Monsieur Pierre and bore the seal of a lawyer from the town. Intrigued, Louise and Antoine opened the letter and were astonished by its contents.

The letter revealed that "La Douceur du Matin" was actually owned by a wealthy heiress, Madame Dubois, who had recently discovered that Monsieur Pierre had forged the bakery's ownership documents to illegally take ownership. Madame Dubois threatened to sue Monsieur Pierre unless he immediately returned ownership of the bakery to her.

Shocked by this revelation, Louise and Antoine realized that the closure of "La Douceur du Matin" was not due to financial problems but to a case of fraud and deceit. They also understood that Monsieur Pierre had fled the town to escape justice and avoid being arrested for his crimes.

Determined to bring justice to Madame Dubois and restore the honor of "La Douceur du Matin", Louise and Antoine went to the police station to inform the authorities of their findings. Thanks to their efforts and evidence, Monsieur Pierre was eventually arrested and tried for his crimes, and "La Douceur du Matin" was returned to its rightful owner.

With the truth revealed and justice served, life returned to normal in the town of Saint-Pierre. The inhabitants were grateful to Louise and Antoine for solving the mystery of the closed bakery and for helping to bring peace and tranquility back to their beloved neighborhood. And although "La Douceur du Matin" never reopened its doors, it remained forever in the hearts and memories of those who had loved its delicious pastries and warm welcome.

Les Rendez-vous du Parc aux Canards

Il était une fois, au cœur de la ville de Montluc, un charmant parc connu sous le nom de "Parc aux Canards". Niché entre les imposants bâtiments et les rues animées de la ville, ce parc paisible était le lieu de rendez-vous préféré des habitants de Montluc, et en particulier des retraités qui aimaient venir nourrir les canards qui y résidaient.

Parmi ces habitués du parc se trouvaient Jeanne et Henri, deux voisins retraités qui se retrouvaient chaque jour au "Parc aux Canards" pour profiter du calme et de la tranquillité du lieu. Jeanne était une dame douce et attentionnée, tandis que Henri était un homme jovial et plein d'histoires à raconter. Ensemble, ils formaient un duo inséparable, partageant leur amour pour les canards et leur passion pour les promenades dans le parc.

Un matin, alors qu'ils se promenaient paisiblement dans le parc, Jeanne et Henri furent témoins d'un événement étrange : un homme mystérieux semblait échanger des regards complices avec les canards, comme s'il leur murmurait des secrets à l'oreille. Intrigués, Jeanne et Henri s'approchèrent discrètement pour écouter la conversation.

L'homme mystérieux s'appelait Jacques, un écrivain en herbe passionné par les animaux et la nature. Il avait découvert par hasard le "Parc aux Canards" et était tombé sous le charme de ses habitants à plumes. Chaque jour, il venait rendre visite aux canards et leur raconter des histoires merveilleuses qu'il avait inventées.

Jeanne et Henri furent fascinés par les histoires de Jacques et par sa capacité à communiquer avec les canards. Ils décidèrent de l'inviter à se joindre à eux pour leur rituel quotidien de nourrir les canards et de passer du temps ensemble dans le parc.

Ainsi débuta une amitié improbable entre Jeanne, Henri et Jacques, un trio improbable unissant des générations différentes autour de leur amour commun pour les canards et les histoires. Chaque jour, ils se retrouvaient au "Parc aux Canards" pour partager des moments de joie et de complicité, nourrissant les canards, se promenant dans les allées ombragées du parc et échangeant des récits de leur vie.

Au fil du temps, Jacques devint un membre bien-aimé de la communauté du parc, partageant ses histoires inspirantes et sa bonne humeur contagieuse avec tous ceux qu'il rencontrait. Les habitants de Montluc appréciaient sa présence chaleureuse et ses talents de conteur, et le "Parc aux Canards" devint rapidement un lieu de rassemblement populaire pour les amoureux des animaux et les amateurs d'histoires.

Mais un jour, alors que l'automne approchait et que les feuilles commençaient à tomber des arbres, les habitants du "Parc aux Canards" furent bouleversés par une nouvelle inattendue : Jacques avait reçu une offre d'emploi dans une autre ville et devait déménager dès que possible.

Jeanne, Henri et les autres habitants du parc étaient attristés par le départ imminent de Jacques. Ils ne pouvaient imaginer le parc sans lui et craignaient de perdre la joie et l'inspiration qu'il apportait à leur communauté.

Déterminés à célébrer l'amitié qu'ils avaient partagée avec Jacques et à lui dire au revoir de manière mémorable, les habitants du parc organisèrent une grande fête d'adieu en son honneur. Ils décorèrent le parc avec des banderoles colorées, préparèrent un festin de plats délicieux et invitèrent tous ceux qui avaient été touchés par l'amitié de Jacques à se joindre à eux pour une journée de célébration et de gratitude.

La fête d'adieu fut un succès retentissant, avec des rires, des larmes et des souvenirs partagés par tous ceux qui étaient présents. Jeanne, Henri et Jacques passèrent la journée à se remémorer les moments heureux qu'ils avaient partagés ensemble et à échanger des promesses de rester en contact malgré la distance qui les séparait.

Et alors que le soleil se couchait lentement sur le "Parc aux Canards", illuminant le ciel d'une lueur dorée, les habitants de Montluc firent leurs adieux à Jacques avec un cœur lourd mais rempli de gratitude pour l'amitié précieuse qu'ils avaient partagée. Car bien que Jacques soit parti, son esprit et ses histoires continueraient à résonner dans le parc, rappelant à tous ceux qui les avaient entendues la beauté et la magie de l'amitié véritable.

51

The Meetings at Duck Park

Once upon a time, in the heart of the city of Montluc, there was a charming park known as "Parc aux Canards" (Duck Park). Nestled between imposing buildings and the bustling streets of the city, this peaceful park was the favorite meeting place of the inhabitants of Montluc, especially retirees who loved to come and feed the ducks that resided there.

Among the regulars of the park were Jeanne and Henri, two retired neighbors who met every day at "Parc aux Canards" to enjoy the calm and tranquility of the place. Jeanne was a gentle and caring lady, while Henri was a jovial man full of stories to tell. Together, they formed an inseparable duo, sharing their love for the ducks and their passion for walks in the park.

One morning, as they were strolling peacefully in the park, Jeanne and Henri witnessed a strange event: a mysterious man seemed to exchange knowing looks with the ducks, as if he were whispering secrets to them. Intrigued, Jeanne and Henri approached discreetly to listen to the conversation.

The mysterious man was named Jacques, a budding writer passionate about animals and nature. He had stumbled upon "Parc aux Canards" by chance and had fallen in love with its feathered residents. Every day, he came to visit the ducks and tell them wonderful stories that he had invented.

Jeanne and Henri were fascinated by Jacques' stories and his ability to communicate with the ducks. They decided to invite him to join them for their daily ritual of feeding the ducks and spending time together in the park.

Thus began an unlikely friendship between Jeanne, Henri, and Jacques, an unlikely trio uniting different generations around their shared love for the ducks and stories. Every day, they met at "Parc aux Canards" to share moments of joy and complicity, feeding the ducks, strolling along the shaded paths of the park, and exchanging stories of their lives.

Over time, Jacques became a beloved member of the park community, sharing his inspiring stories and contagious good humor with everyone he met. The inhabitants of Montluc appreciated his warm presence and storytelling talents, and "Parc aux Canards" quickly became a popular gathering place for animal lovers and story enthusiasts.

But one day, as autumn approached and the leaves began to fall from the trees, the inhabitants of "Parc aux Canards" were saddened by unexpected news: Jacques had received a job offer in another city and had to move as soon as possible.

Jeanne, Henri, and the other park regulars were saddened by Jacques' imminent departure. They couldn't imagine the park without him and feared losing the joy and inspiration he brought to their community.

Determined to celebrate the friendship they had shared with Jacques and to bid him a memorable farewell, the park inhabitants organized a grand farewell party in his honor. They decorated the park with colorful banners, prepared a feast of delicious dishes, and invited all those who had been touched by Jacques' friendship to join them for a day of celebration and gratitude.

The farewell party was a resounding success, with laughter, tears, and shared memories by all who were present. Jeanne, Henri, and Jacques spent the day reminiscing about the happy moments they had shared together and exchanging promises to stay in touch despite the distance that separated them.

And as the sun slowly set over the "Parc aux Canards", illuminating the sky with a golden glow, the inhabitants of Montluc bid farewell to Jacques with a heavy heart but filled with gratitude for the precious friendship they had shared. For although Jacques had left, his spirit and stories would continue to resonate in the park, reminding all who heard them of the beauty and magic of true friendship.

Les Contes de la Rue des Artistes

Il était une fois, dans la ville pittoresque de Belleville, une charmante petite rue connue sous le nom de "Rue des Artistes". Bordée de vieux bâtiments aux façades colorées et décorée de plantes grimpantes, cette rue était le refuge d'une communauté d'artistes talentueux, chacun apportant sa propre touche de créativité au quartier.

Parmi ces artistes se trouvaient Camille, une peintre passionnée par les paysages urbains, Étienne, un sculpteur talentueux spécialisé dans les œuvres abstraites, et Amélie, une musicienne douée qui enchantait les passants avec sa voix enchanteresse.

Chaque jour, les habitants de la "Rue des Artistes" se retrouvaient pour partager leur amour de l'art et échanger des idées créatives. Ensemble, ils formaient une communauté chaleureuse et accueillante, où chacun pouvait s'exprimer librement et trouver inspiration et soutien auprès de ses pairs.

Un matin d'été, alors que le soleil se levait sur la "Rue des Artistes", un événement extraordinaire se produisit : une mystérieuse valise abandonnée fut découverte sur le pas de la porte de l'atelier de Camille. Intriguée, la communauté d'artistes se rassembla pour examiner de plus près cette valise mystérieuse.

À l'intérieur, ils trouvèrent un trésor d'objets étranges et merveilleux : des pinceaux magiques qui semblaient peindre d'eux-mêmes, des sculptures animées qui prenaient vie sous leurs yeux, et des partitions de musique qui chantaient doucement quand on les touchait.

Émerveillés par leur découverte, les artistes décidèrent de mener leur propre enquête pour découvrir d'où venait cette valise mystérieuse et qui était son mystérieux propriétaire.

Ils interrogèrent les habitants du quartier, explorèrent les ruelles étroites et les places cachées de Belleville, et recherchèrent des indices dans les œuvres d'art et les mélodies de la ville.

Au fil de leur enquête, ils découvrirent que la valise appartenait autrefois à un célèbre artiste nommé Monsieur Marcel, qui avait mystérieusement disparu il y a de nombreuses années. Monsieur Marcel était réputé pour ses talents magiques et son imagination débordante, mais il avait soudainement disparu sans laisser de trace, laissant derrière lui ses œuvres d'art inachevées et sa valise mystérieuse.

Déterminés à percer le mystère de la disparition de Monsieur Marcel, les artistes de la "Rue des Artistes" se lancèrent dans une aventure palpitante à travers la ville de Belleville. Ils suivirent les indices laissés par Monsieur Marcel, explorèrent des endroits cachés et rencontrèrent des personnages étranges et fascinants sur leur chemin.

Leur enquête les conduisit finalement à une vieille maison abandonnée à la périphérie de la ville, où ils découvrirent un atelier secret caché dans les profondeurs des sous-sols. Là, ils trouvèrent les œuvres inachevées de Monsieur Marcel, des peintures étonnantes, des sculptures énigmatiques et des partitions de musique qui semblaient attendre d'être complétées.

Alors qu'ils exploraient l'atelier, les artistes furent soudain surpris par l'apparition de Monsieur Marcel lui-même, qui semblait être resté caché pendant toutes ces années, attendant le moment propice pour révéler son secret.

Monsieur Marcel leur expliqua qu'il avait découvert un artefact magique qui lui avait permis de créer des œuvres d'art enchantées, mais qu'il avait été obligé de se cacher lorsque des personnes mal intentionnées avaient tenté de s'emparer de son pouvoir. Depuis lors, il avait travaillé dans l'ombre, attendant le jour où il pourrait transmettre son savoir aux artistes dignes qui viendraient le trouver.

Émus par l'histoire de Monsieur Marcel et par ses œuvres d'art étonnantes, les artistes de la "Rue des Artistes" décidèrent de l'aider à compléter ses créations et à partager son savoir avec le monde entier.

Ensemble, ils travaillèrent jour et nuit, donnant vie aux œuvres inachevées de Monsieur Marcel et découvrant de nouveaux pouvoirs magiques cachés dans chaque pinceau et chaque note de musique.

Finalement, les artistes terminèrent les œuvres de Monsieur Marcel et organisèrent une exposition spectaculaire pour les présenter au public. Les habitants de Belleville affluèrent pour admirer les créations magiques des artistes de la "Rue des Artistes" et pour célébrer la renaissance de l'art dans leur ville bien-aimée.

Et alors que la nuit tombait sur la "Rue des Artistes", illuminant les rues de lueur dorée, les artistes se rassemblèrent pour célébrer leur succès et pour rendre hommage à Monsieur Marcel, dont l'héritage continuerait à inspirer les générations futures d'artistes et de rêveurs. Car dans la "Rue des Artistes", chaque mur, chaque rue et chaque note de musique racontait une histoire magique, un conte enchanté qui continuait à vivre dans le cœur et l'imagination de tous ceux qui l'entendaient.

The Tales of Artists' Street

Once upon a time, in the picturesque town of Belleville, there was a charming little street known as "Rue des Artistes" (Artists' Street). Lined with old buildings with colorful facades and adorned with climbing plants, this street was the refuge of a community of talented artists, each bringing their own touch of creativity to the neighborhood.

Among these artists were Camille, a painter passionate about urban landscapes, Étienne, a talented sculptor specializing in abstract works, and Amélie, a gifted musician who enchanted passersby with her enchanting voice.

Every day, the inhabitants of "Rue des Artistes" gathered to share their love of art and exchange creative ideas. Together, they formed a warm and welcoming community, where everyone could express themselves freely and find inspiration and support from their peers.

One summer morning, as the sun rose over the "Rue des Artistes", an extraordinary event occurred: a mysterious abandoned suitcase was discovered on the doorstep of Camille's studio. Intrigued, the community of artists gathered to take a closer look at this mysterious suitcase.

Inside, they found a treasure trove of strange and wonderful objects: magical brushes that seemed to paint by themselves, animated sculptures that came to life before their eyes, and sheet music that softly sang when touched.

Amazed by their discovery, the artists decided to conduct their own investigation to find out where this mysterious suitcase came from and who its mysterious owner was.

They questioned the inhabitants of the neighborhood, explored the narrow alleys and hidden squares of Belleville, and searched for clues in the artworks and melodies of the city.

As they investigated, they discovered that the suitcase had once belonged to a famous artist named Monsieur Marcel, who had mysteriously disappeared many years ago. Monsieur Marcel was renowned for his magical talents and boundless imagination, but he had suddenly vanished without a trace, leaving behind his unfinished artworks and his mysterious suitcase.

Determined to unravel the mystery of Monsieur Marcel's disappearance, the artists of "Rue des Artistes" embarked on an exciting adventure through the city of Belleville. They followed the clues left by Monsieur Marcel, explored hidden places, and met strange and fascinating characters along the way.

Their investigation eventually led them to an old abandoned house on the outskirts of the city, where they discovered a secret studio hidden in the depths of the basement. There, they found Monsieur Marcel's unfinished works of art, amazing paintings, enigmatic sculptures, and sheet music that seemed to await completion.

As they explored the studio, the artists were suddenly surprised by the appearance of Monsieur Marcel himself, who seemed to have been hiding for all these years, waiting for the right moment to reveal his secret.

Monsieur Marcel explained that he had discovered a magical artifact that allowed him to create enchanted artworks, but he had been forced to hide when unscrupulous individuals had tried to seize his power. Since then, he had worked in the shadows, waiting for the day when he could pass on his knowledge to worthy artists who would come to find him.

Moved by Monsieur Marcel's story and his amazing artworks, the artists of "Rue des Artistes" decided to help him complete his creations and share his knowledge with the world. Together, they worked day and night, bringing Monsieur Marcel's unfinished works of art to life and discovering new magical powers hidden in each brushstroke and every note of music.

Eventually, the artists completed Monsieur Marcel's works and organized a spectacular exhibition to showcase them to the public. The inhabitants of Belleville flocked to admire the magical creations of the artists of "Rue des Artistes" and to celebrate the rebirth of art in their beloved city.

And as night fell on "Rue des Artistes", illuminating the streets with a golden glow, the artists gathered to celebrate their success and to pay tribute to Monsieur Marcel, whose legacy would continue to inspire future generations of artists and dreamers. For in "Rue des Artistes", every wall, every street, and every note of music told a magical story, an enchanted tale that continued to live on in the hearts and imaginations of all who heard it.